Wolfgang Rinn

An der Schwelle des Übergangs

Gedichte

Satz und Layout: Anne Rinn

Bildnachweis:
Die Coverbilder auf der Vorder- und Rückseite sind zwei Arbeiten der Künstlerin
Susanne Reusch-Schweitzer, Lichtenstein
Vorderseite: „Verborgenes Licht", Gouache, 2005
Rückseite: „Feuer in der Nacht" Gouache, 1995

Das Projekt mit den meisten Gedichten ist auf dem Römerschanzfriedhof in
Reutlingen entstanden.

Verlag:
BoD · Books on Demand GmbH, In de Tarpen 42, 22848 Norderstedt
Druck:
Libri Plureos GmbH, Friedensallee 273, 22763 Hamburg

ISBN: 978-3-7693-1446-5

Epilog

Friedhof, Ort des Friedens derer, die von uns auf Dauer sind geschieden,
einst unsre treuen Weggefährten waren hier auf Erden, nun aber von uns
fortgegangen, dahin wo ein Gräberfeld sie hat empfangen.

Am Grab wir stehn, wo wir sie still besuchen, als hätten sie von weitem uns
gerufen.

Grabstein, Friedhofsruhe, Friedhofsbank und immer wieder dieses
Kerzenlicht, das in der Begegnung zu uns spricht von längst
vergangenen Tagen, verstummen lässt die Fragen, die ohne Antwort bleiben
hier auf Erden.

Wach geworden im Gedicht eine neue Heimat spricht, als Gräberfeld an
Himmelssphären grenzt, wo Tote nochmals um uns sind, nachdem sie ihre
eig´nen Wege sind gegangen, zurückgelassen haben, was einst angefangen.

Wir schauen hinterher, verfolgen ihre Spur, sind uns bewusst, dass unsrer
Lebensuhr begrenzte Zeit verbleibt, doch dafür eine neue Zeit beginnt,
die uns erleben lässt, wenn sie die hiesige verlässt und mit ihr unsre
Leiden, dafür ein neuer Morgen den ersehnten Frieden bringt und uns mit
Himmelslicht durchdringt.

Inhaltsangabe

„Unsere Toten gehören zu den Unsichtbaren,
aber nicht zu den Abwesenden."

Papst Johannes XXIII

Tote Weggefährten

Vorwort

Sie alle haben uns begleitet
die ganzen Jahre über

als treue Weggefährten,
die eine zweite Heimat
haben neu entstehen lassen.

nachdem sie
ihren Lebensort verlassen.

Dort werden wir
uns einstens wiederfinden
und unter gleichen Sternen
eng wie nie zuvor verbinden.

Wegende

Vielfach die Wege
hin zu jenem Orte,
der alle uns
erwarten wird.

Vielfach begangen,
wenn am Ende nun
wir außerhalb
von Raum und Zeit
uns friedevoll vereinen.

Dort werden ruhen wir,
wo Sehnsucht bleibt
als Ausgangspunkt
zu neuem Leben
und Hoffnung
einer Wiederkehr.

Besuch am Grab

Du hast ein Seelenlicht entzündet
an einem Orte, der dir wohl vertraut
und still und heimlich Brücken baut.
Es brennt so friedlich, Ruhe spendend
und alles Herzeleid beendend.

Dort wirst du immer wieder Wache halten
und den im Herzen treu behalten,
der einstens dir das Liebste war,
doch kann er nicht verloren gehn,
wie wunderbar dies lebend Bild,
das dir als Schatz für Dauer gilt.

Morgendämmerung

Am Himmelsrand
ein zarter Morgenschimmer,
weckt ruhend Leben so wie immer,
es perlt der Tau
auf grünen Friedhofswiesen,
die ersten Blumen sprießen,
wenn still ein Gräberfeld sie schmücken
und Hoffende wiederum beglücken.

Es möge Tages Inhalt
sich zum Segen wenden,
der Nächte Dunkelheit beenden,
um Himmels Höhen zu beleben,
und dieses Schauspiel zu erleben:
der Sonne Strahlen,
wie sie Toten Liebe senden,
um Not und Kummer damit zu beenden.

Wir wünschen ihnen dies
von ganzem Herzen,
nachdem vorüber ihre Schmerzen.

Dem Glanz des Morgenlichts
sind sie vertraut,
ihr neu erwachtes Auge ringsum schaut
der Blüten Reichtum im Entstehn,
sie alle großes Wunder sehn.

Friedhof

Ruhe suchen, Frieden finden,
gern an diesem Ort verweilen,
wo in Gedanken sich verbinden,
welche schweres Schicksal teilen.

Besuchen, die uns nahe waren,
das Gräberfeld zeigt ihre Spuren
und helfen uns zu bewahren
das Bild vergang´ner Lebensuhren.

So ist denn dieser Ort geblieben,
ein Ziel vertrauter Wiederkehr
für alle, die wir lieben,
und das je öfter umso mehr

wir die Verstorbenen besuchen,
die wir in treuem Schutz geborgen wissen,
wenn sie uns manchmal rufen,
drum wollen wir sie nie mehr missen.

Schnee und Eis bedecken all die Bäume,
die diese Ruhestätten rings umgeben,
doch uns´rer Sehnsucht wache Träume
erwecken wiederum ein neues Leben.

Weg zum Ort des Friedens

Vor dem großen Friedhofsschweigen
wir uns ehrfurchtsvoll verneigen,

wenn über´s Gräberfeld sich Stille senkt
und die Gedanken dahin lenkt,

wohin die Toten sich begeben,
nachdem geschieden sie aus diesem Leben,

der Weg so anders ist, den sie gegangen,
und für sie hat nun angefangen die Welt,

seither in einem höhern Licht verborgen,
erschienen als ein neuer Morgen

und ihnen wahre Heimat bietet,
die sie erlöst hat von des Schmerzes Leiden,
um ihnen einen Ort des Friedens zu bereiten,

nachdem sie abgelegt des Leibes Hülle,
ein Dasein niegekannter Fülle dann erleben,

wenn sie am Ende Abschied nehmen,
um dort die Stimme der Erlösung zu vernehmen.

Friedhofsbesuch

Und immer wieder
hat der Weg mich hingeführt
zu jenem Ort,
der meine zweite Heimat
ist geworden,
um dort
zu finden was ich hab´ gespürt
als Lebensziel an seinem Ende,
gewärtig einer Wende,
die mich erwartet dann
im Kreise derer
die vorausgegangen,
um mich als ihresgleichen
zu empfangen.

Doch vorerst bin umgeben ich
von Ruhe und von Schweigen
und harre eines Zeichens,
bis mein Zögern lässt erreichen
den letzten Schritt zu tun
und mich hinübernimmt
in jenes Land, das mir
seit langem vorbestimmt.

Ort des Schweigens

Stätte des Todes, Ort des Schweigens,
vor dem wir still uns neigen
und wir im Knien die Erde spüren,
andächtig, ehrfurchtsvoll vereint,
was Schicksal gleichermaßen eint,
wortlos aber in der Nähe der Gedanken,
die immer wieder um Erlittenes sich ranken
und die Verstorbenen begleiten,
dorthin wo höhere Wesen zubereiten
die neue Heimat in der die Erlösten
sich zusammen finden
und einen Chor der Seligen begründen.

Die Hoffnung ist es, die wir ihnen schenken,
wenn wir als Zurückgebliebene an sie denken,
in guten und in schlechten Tagen,
denn sie sind ein Teil von uns gewesen,
auch heute noch wie einst.
Sie leben zwar in anderer Weise
als damals wo sie ihre Reise
geführt hat in des Himmels Ferne,
die ihren Ort hat jenseits aller Sterne.

Begegnung auf dem Friedhof

Schattenspendende Allee von hohen Bäumen,
die unter ihrem Dach besitzen
der Gräber reiches Feld
und Tag um Tag beschützen,
um den empfang´nen Auftrag zu erfüllen,
Gewesenes in ihrem Schutze zu verhüllen.

Menschen, die hier ihre Wege wandern,
in stiller Trauer mit dem andern,
der gleiches Schicksal heimlich teilt,
in seiner Stimmung hier verweilt.
Nur manchmal ist zu spüren,
wie Tote Lebende berühren.

Das ist der Ort,
an dem sich alle wiederfinden,
Vergangenes und Künftiges
in neuer Hoffnung dann verbinden.

Vorverkünder

Es war, als hätten
die Toten euch gerufen,
doch seid ihr plötzlich
da gewesen, ungerufen,
habt auf den hohen Bäumen,
die den Friedhof säumen,
Platz genommen.

Woher ihr seid gekommen,
wir haben´s nie erfahren,
aber eure Wege waren
ein Zeugnis,
der in der Bestimmung lag
die Toten zu begleiten
und ihnen zu bereiten
ein würdig Abschiednehmen,
indem sie Erdenaufenthalt
mit Himmelssphären tauschen,
gleich einer Neugeburt,
und wenn wir
diesem Vorgang lauschen,
erleben wir Musik
in diesem einen Augenblick,
wo Engelchöre singen
und zauberhafte Klänge
zum Erklingen bringen.

Zurückgebliebene Musikanten,
treue Vogelwesen,
seid Vorverkünder
dieses Übergangs gewesen.

Friedhofsallee

Der Weg in weite Ferne,
gesäumt von hohen Bäumen,
weit ausladendes Geäst,
gleich schützender Gebärde,
ruht über alledem.

Ein Mensch,
verschwindend klein,
am Horizont der letzte Schritt
hinein ins Ungewisse,
das uns verborgen bleibt.

Wir werden einst wie er
am andern Ende stehn.
Doch vorerst folgt ihm
staunend unser Blick,
wie er hinübergeht
ganz unvermittelt
und Fragen lässt zurück.

Grabkerze

Flackernder Kerzenschein
wollest mir ein Zeichen sein
für Winde welche aufwärts tragen
Gewesenes,
und wir uns staunend fragen,
wo du dann geblieben bist
zu tragen deinen hellen Schein
weit in die Dunkelheit hinein.

Am Himmel werden Sterne
Antwort geben
von der Begegnung
mit dem Kerzenlicht.

In diesem Augenblicke
können wir erleben,
wo unsre Toten sich befinden,
wenn sie dem Erdenlos enthoben
auf Dauer neue Heimat finden.

Am Grab (1)

Die Gebärde einer Frau
im Knien am Grab,
wortlos
für wenige Minuten:

wie nahe doch den Lieben,
die vormals einst gewesen,
nun so ganz anders
als Verbundenheit -
im Schweigen.

Das Licht der Kerzenflamme
im Weggehn,
lange noch begleitend
ihrer Schritte
zögernd Abschiednehmen,
wenn sie,
nach rückwärts schauend,
das einsam stille
Gräberfeld verlässt.

Am Grab (2)

Die Einsamkeit wächst mit den Jahren,
und alle, die mit dir beisammen waren,
sind mit der Zeit dann weggeblieben.

Hast du diesen Zustand nicht genau beschrieben,
als du in deinen letzten Lebenswochen
von meinem Weiterleben mir gesprochen?

Und was mit dir ward weggenommen
ist nun in weiter Ferne angekommen.

Ich hatt´ es damals nicht begriffen,
doch als dann Schmerz und Trauer mich ergriffen,
da wurde mir dies alles seltsam klar,
und wie das Leben, das gemeinsam war,
jetzt eine Brücke ist, auf der wir uns entgegengehen,
und, wenn auch verwandelt, stille wiedersehen.

Wegzeichen

Lichtpunkte bei Nacht
wie hingestreut
über der Gräber Feld.

Still Gedenken,
helles Leuchten,
friedevolle Einsamkeit.

Doch wo der Weg das Feld
von einer weiten Wiese trennt,
da brennt ein strahlend Licht,
(wer hat es nur dort hingestellt?)
ein einzelnes,
gleich einem Wiederschein
der vielen Kerzen,
ganz frei für sich
und losgelöst,
als ob es Botschaft
uns verkünden wolle,
geheimnisvoll, noch unbekannt,
doch unser Ahnen wachzurufen,
dass diese Helligkeit
ein Zeichen ist,
den Weg in jenes Land zu weisen,
wo unsre Toten Heimat fanden.

Grablichter (1)

Die das Feld der Gräber
mit warmem Licht umhüllen
und den Ort des Friedens
mit tiefer Ruhe erfüllen:

als glühende Punkte weit sichtbar
inmitten der Nacht,
von liebenden Händen
ein Zeichen des Trostes entfacht,

als könnte der Kerzen
stets neues Entzünden
zeitweise die Lebenden
mit den Toten verbinden.

Grablichter (2)

Jede der Kerzen spricht für sich
vom Schicksal eines Einzelnen,
die Wahl desselben Ortes aber
hat Gemeinsamkeit geschaffen,
die schweigend sie empfängt.

In diesem Beieinandersein
wird höheres Walten spürbar,
das sie vereint,
mit hellem Leuchten
auf gleicher Stufe stehend,
die Zukunft zu erwarten.

**Der Friedhof
und die kleinenKinder**

Friedhof,
das ist der Ort,
wo der Tippelschritt
kleiner Kinder
in hüpfende Bewegung
übergeht,
leichtfertig,
unmerklich,
gedankenfern,
verwandt dem Flügelschlag
sonnenhungriger Libellen,
die in den Lüften
verwunschenes Spiel treiben,
dicht über den Gräbern
sich tanzend
dem Winde vermählen,
Seelenhauch
himmelwärts sendend.

Abschied der Kinder

Gleich vor der Stadt ein Gräberfeld,
wo jeder seinen Platz erhält,
der sich zur Ruh´ begeben,
nach einem langen, manchmal
auch nur kurzen Leben.

Selbst Kinder haben Abschied
hier genommen
und ihre Seele mitgenommen
in Paradieses Weiten,
wo künftig all ihr Leiden
ein Ende hat, und ihr Bericht
spricht sicherlich
von einem großen Licht,
das nunmehr sie umgibt
in hellen Strahlen.

Schön wäre es,
wenn sie uns Bilder malten
von dieser ihrer neuenWelt,
die von dem Daseinsort erzählt,
wo sie sich jetzt befinden,
Seitheriges dort
bei ihresgleichen wiederfinden.

Nähe der Toten

Heut war ich wiederum
in Traumes Tiefen,
es war, als ob verborgne Geister
mich beim Namen riefen.
Wie lange doch schon
weilten sie an diesem Ort,
um zu empfangen
tiefster Seele Herzenswort,
ein Trost an diesem trauten Ort,
der uns von Zeit zu Zeit vereint
in liebevollem Spüren
durch heimliches Berühren,
so wie es damals ist gewesen,
als wir im Leben treu verbunden
vertrautes Wesen haben vorgefunden.

Auch wenn nun Trennung ist geschehn,
die stille Hoffnung war geblieben,
dass wir uns dereinst wiedersehn:
als solche die gewesen,
wie sie im Totenbuch beschrieben.

Abschiedsgruß

Und unter einem grünen Tannenzweige
da steht ein Name,
liebenswert und wohlvertraut,
gleich einem Klang
aus alten Zeiten,
und Bilder werden mit ihm wach,
die uns wie damals nahe sind,
als könnten wir nach ihnen greifen.

Auch wenn du uns verlassen hast,
wir wissen dich geborgen,
da über dir erwacht
ein lichter neuer Morgen.

Wie schön, dass du
solange bei uns warst
und Weggefährte durftest sein.
Wir fühlen uns mit dir vereint,
beschenkt durch deine Güte,
indem sie hat erkennen lassen,
wie Schmerz und Trauer
sich in stille Freude wandelt,
wenn wir dich nunmehr gehen lassen.

Gräberfeld

Schon von weitem wir erblicken
Menschen wie sie an den Gräbern knien,
um den Verstorb´nen nah´ zu sein,
die für die Zukunft weggeblieben.

In Schmerz und Trauer um die Lieben
sie sich zur Erde niederbücken
in ihrem Herzenswunsch
vertrauten Ort zu schmücken.

Wer weiß, was diese insgeheim
in ihrem Inneren bewegt,
Gedankenliebe wohl
die Toten dorthin trägt,
wo deren wahre Heimat sie
mit ihrem Erdenlos verbindet
und dafür neuen Lebensinhalt findet.

Zurück bleibt Sehnsucht derer,
die auf verlass´nen Wegen wandeln,
versuchen werden, erlittenen Verlust
in liebendes Gedenken zu verwandeln.

So pflegen treu sie die Verbundenheit
und sind bereit,
sie bis zum eig´nen Ende wach zu halten
und liebevoll die Gräber zu gestalten,
die eine Brücke sind
zu dem was einst an diesen Orten
zur bleibenden Erinnerung geworden.

Todesüberwindung

Friedhof,
das ist wie ein großer Garten,
wo uns die Abgeschiedenen erwarten.
Sie sind sehr still
und werden uns begrüßen,
auch wenn dabei Tränen fließen,
weil Schmerz und Trauer
tief im Innern
an glückliche Gemeinsamkeit erinnern.

Und plötzlich sind sie wieder da,
auf ihre Weise seltsam nah,
und manchmal scheint es wie im Traum,
obgleich getrennt wir sind,
wir spüren kaum,
dass wir in andern Welten leben,
indes die Toten
nach Vollendung streben
und wir uns fühlen sehr verlassen,
nachdem sie uns zurückgelassen.

Doch wissen wir in treuen Händen,
was eines Tages sich wird
zum Guten wenden,
wenn wir gemeinsam
unsern Weg zu Ende gehn,
das Licht der Auferstehung vor uns sehn.

Wegrichtung

Wie oft bin ich gegangen
zur Stätte letzten Abschieds,
auf dem Wege
der auch der meine sein wird,
da wo still Gedenken
der Toten Nähe mir vertraut gemacht.

Auch wenn abgelegt des Leibes Hülle,
und nichts mehr ist geblieben
als Blumenschmuck und Grabstein,
so doch Gewissheit ihrer Lieben,
dass den Verstorbenen an andern Orten
ein bleibend Dasein ist geworden.

So üb´ ich heute schon mein Weggehn
in stiller Hoffnung auf ein Wiedersehn
mit all den vielen Weggefährten,
die mich begleitet haben hier auf Erden.
Wenn dann die Reise ihrem Ende naht,
steh´ich an jener Wende,
die mich hinübernimmt ins andre Land,
wo ich werd´einst empfangen
von denen die vorausgegangen.

Totenbesuch

Ich komme sie besuchen,
sie lassen mich herein,
auch wenn ich komme ungerufen.

Ich tret´ in Friedhofs Garten,
es ist, als ob sie mich erwarten,
in Sehnsucht gehe ich entgegen
den Abgeschiednen
ihnen zu begegnen
an diesem stillen Orte,
der ohne Worte
noch einmal Leben spendet,
nachdem es einst beendet war,
in den Gedanken seltsam klar
seitdem geblieben ist
und auch nach einer langen Frist
der Herzenswärme treu erhalten,
um so auf Dauer zu behalten
gewesene Gemeinsamkeit,
die auch in kommenden Tagen
das Zeichen
nicht vergangener Liebe tragen.

Nach stiller Einkehr
hab´ ich nun verlassen
den bleibenden Erinnerungsgarten,
wo Tote jenen Augenblick erwarten,
der ihnen die Erlösung bringt,
befreite Seele dann ihr Dasein
in einem großen Licht verbringt.

Weggehen

Unmerklich war sie weggegangen,
der Zeit enthoben, die im Weiterströmen
kaum eine Spur von ihr zurückließ,
von lautem Reden kurz nur unterbrochen,
indem die Lücke still sich schloss.

Sehr selten dann die Frage,
wo sie seither geblieben,
es sei denn,
jemand dachte nun an sie,
der einst ihr treu
und eng verbunden war,
in Liebe als dem einzig Bleibenden,
im Umraum unsichtbar:
ein geistig Wesen,
das den Zutritt fand
zum Reich von seinesgleichen.

Und jenseits aller Zweifel
hat das Gesetz der Ewigkeit
von jeher seinen Standort
unbeirrt und fest bewahrt.

Vielleicht erfahrbar,
wenn wir angekommen in dem Land,
das auf der andern Seite liegt,
dem Strom der Zeit enthoben.

Grabsteine

Wie sie dastehn,
fest verankert in der Friedhofserde,
ein Zeichen sind für Stirb und Werde,
nur als begrenztes Teil
in weite Himmelshöhe ragen,
und immer wieder diese Fragen
derer, die zurückgeblieben,
wo die Verstorb´nen wohl geblieben,
die sie im Herzen treu bewahren,
nachdem sie Weggefährten waren.

So sind die stummen Steine
unsre Richtungweiser,
nach außenhin tönt immer leiser
der Klang vergang´nen Lebens,
und oftmals suchen wir vergebens
was war uns zu erhalten
und auf die Dauer festzuhalten.

Das tun die Steine,
wenn sie in die Höhe weisen
und wortlos sich als Weg erweisen,
was heute noch verborgen
vertrauen einem neuen Morgen.

Standortwechsel einer Stele

Markantes Zeichen himmelwärts,
so stehst du aus der Erde ragend,
und junge Kräfte
schufen dieses edle Werk,
durch Feuers Glut hindurchgegangen.

Herausgelöstes menschlich Wesen,
Sinn und Bild der Umwelt spendend,
aus tiefem Grund emporgewachsen
und strebend nach dem Lichte,
das dir die Sonne nun
schon Jahr für Jahr gewährt,
stählern Wind und Wetter trotzend
und unbeirrt des Rostes,
der einem Mantel gleich
dich mehr und mehr umhüllt,
doch deinem Älterwerden
keinen Abbruch tut.

Noch lange wär´ dein Standort
gleich geblieben,
doch hast du deinen Platz vertauscht,
als eine Sterbende darum bat.

Des Gartens blühendes Gefilde
wich Friedhofs Grabesruhe,
wo seither mitten ihresgleichen
die letzte Ruhe sie gefunden.

Dort stehst als treuer Wächter du
und Bote kommender Zeiten.

Am Grab (3)

Ein Grabstein,
rechteckig in zwei Teilen,
getrennt und doch
einander zugehörig.

Gleich hoch, der linke aber
sichtbar schmäler.
dem andern treu verbunden,
ein Weggefährte,
und beide finden sich
in Kreuzesform,
die lichtdurchlässig
den Hintergrund
erkennbar macht,
der bisher war verborgen.

So ruht in Frieden
was gewesen,
und liebevoll Gedenken bleibt,
das an diesem Ort
zu neuem Leben
jedes Mal erwacht,
wenn still du
an dem Grabe wachst.

Grabstein

Schöner großer, runder Kieselstein,
bist deiner Schwere nun entbunden,
hast als ein würdevolles Hoffnungszeichen
den dir gebührenden Platz gefunden.

Dort ruhst du jetzt, nur du allein,
darfst künftig Wächter einer Toten sein.
Am liebsten möcht´ ich dich umfassen,
und doch muss immer wieder ich verlassen
den Ort, der dir so ganz und gar gehört
und den kein menschlich Wesen stört.

Still und rein berührst du diese Erde,
die ewig spricht ihr Geh´ und Werde.
So willst du nun ein treu´ Gedenken
ganz unvermerkt in solche Richtung lenken,
wo unsre Toten weite Wege gehen,
um in der Ferne jenes Licht zu sehen,
das eine große, das uns einst erkoren,
indem als Erdenwesen wir geboren.

So schließt der Kreis sich:
stetiges Kommen und Gehen.
Doch dir, du schöner, großer Kieselstein,
gelingt es, in der Mitte zu bestehen.

Grabmale

Geburt der Vielfalt von Gestalten
und jede im Entgegenhalten
der Fülle Form uns zu verkünden,
in ihrem Reichtum zu verbinden,
was Herz und Hand für Dauer schafft
als Gipfel einer Meisterschaft,
die weiterlebt an vielen Orten
mit Zeichen, die geworden
ein Ankerplatz für still Gedenken,
Gedanken der Erinnerung zu lenken,
dahin wo einst
den Abgeschiedenen gegeben,
des Daseins Freuden zu erleben.

Beim Betrachten einer Monographie des Kunstschmieds
Paul Zimmermann aus Pliezhausen/ Krs. Reutlingen

Abschiedslücke

Und plötzlich war da
eine Lücke neben mir entstanden,
frei geworden für ein neues Leben.

Verlust und Hoffnung
hatten sich die Hand gegeben,
und Abschied hat
in Kommen sich verwandelt,
im Sterben sich
zur Wiederkunft gewandelt.

Das Gräberfeld hält
seinen Platz bereit,
und Abschiednehmen
sichtbar macht
vergangenes Leben,
lichten Höhen
nunmehr anvertraut,
von dort auf uns
herniederschaut,
die wir zurückgeblieben
weiterhin
im Herzen lieben,
den der so lange
unter uns gewesen,
einmalig war
in seinem Wesen.

Friedhofsruhe

Friedhof ist ein Ort,
wo niemand stilles Dasein stört,
vielmehr auf unsere
innere Stimme hört, die spricht:

„Wer kann es fassen,
dass ihr uns habt zurückgelassen?“

Und Schmerz und Trauer
sind entstanden,
als plötzlich wir verlassen,
auf einemWeg uns wiederfanden,
der euch ins Totenreich geführt,
gerufen von des Schicksals Stimmen,
die künftig Lebenslos bestimmen.

Verwandelt seid ihr nun
in andre Wesen,
die viele Jahre unter uns gewesen.

Ihr wart dorthin nicht aufzuhalten,
wo himmlische Gestalten
zu einem großen Chor sich treffen
und ihre Segensworte für uns sprechen.

Neuer Lebensort

Ein großer, blauer Himmel
wölbt sich über weites Gräberfeld,

das eine so ganz andre Welt
für alle jene ist geworden,

die hier an diesen stillen Orten
dem Künftigen entgegen leben,

nachdem zu Ende ist ihr Leben
und abgelegt das irdische Gewand
nach Aufbruch in ein fernes Land,

wo sie auf Erlösung hoffen
Ersehntes zu erlangen,
um schließlich dorthin zu gelangen,

wohin ihr Engel sie geführt
und mit seinen segensreichen
Händen warm berührt.

Sie lernen damit
wahren Frieden kennen und
mit ihm Schöpfers Namen nennen.

Friedhofsbank

Mein Platz ist öfter nun
die Friedhofsbank, auf der ich
in der Nachmittagssonne sitze,
und ihre wärmenden Strahlen
vermitteln mir ein Wohlgefühl,
so dass die Gedanken
mehr und mehr am Ort verweilen
und in mir sprechen:
„Haben es die Abgeschiednen gut,
nachdem der Erdenschwere
sie enthoben sind,
die ewge Ruhe pflegen dürfen.“

Bald wirst auch du
von ihnen einer sein,
doch Lebensfäden
halten dich zurück.
Noch bist umgeben du
von deines Daseins Freuden,
die Erfüllung dir bereiten.

So ist die Ruhebank
ein Zwischenglied,
wo du dich wiederfindest,
indem das Schöpfungslicht
mit Erdenabschied du verbindest.

Unterschiedslos

Ich liebe die Orte,
die der Worte
nicht mehr bedürfen:
Bank auf dem Friedhof,
Blick über die Gräber,
ein sanftes Wehen des Windes,
die Stimmen der Toten,
die Sprache einer andern Welt,
doch deutlich wahrnehmbar,
wenn lange genug du gesessen,
flaches Land,
nicht hoch noch tief,
und über die Ebenen hin
sind sie einander gleich geworden,
und aufgehoben ist,
was Rang und Titel
in diesem Leben
einst bedeutet hat.
Unterschiedslos arm und reich,
so sitzen sie nun an einem Tische.

Abend auf dem Friedhof

Der Abend senkt sich nieder
mit seinen dunklen Schatten,
verstummt sind Tages frohe Lieder,
ihr Reichtum hat
den Himmelsraum besetzt
mit tausendfachen Tönen.
Sie klingen lange noch
aus weiter Ferne,
bis dann die Nacht
der Erde bringt
das neu erwachte Reich der Sterne.

Die Töne nehmen teil
am Werden und Vergehn,
unendlich ist die Ruhe,
bis hin zu jener Zeit,
da wir uns wiedersehn
als Brüder, die sich dann erkennen,
und einer darf
des andern Namen nennen.

In Erwartung

Ein leuchtend farbig Bild
am Himmel steht,
wenn abends still und leis
die Zeit vergeht,
der Sonne letzte lichte Strahlen
zum Abschied für uns malen,
was sie vom Tage mitgenommen,
wenn nun die dunklen Schatten kommen,
in denen sie sich wiederfindet
und Tag und Nacht
in wiederholtem Wechsel dann
treu und dauerhaft verbindet

In solchem Frieden unsre Toten ruhn,
es bleibt für sie nichts anderes zu tun
als auf ein künftig Leben
in Geduld zu harren
und bis zur Auferstehung zu verharren.

Noch sind sie Glieder
der Zurückgebliebnen,
all derer, die an ihnen ihre Liebe üben,
bis sie sich einst vereinen werden
mit denen sie zusammen waren
allhier auf dieser Erden.

Standortwechsel

Im Dämmerschein
des nahen Abends
hast deine Ruhe du gefunden,
wo noch vor wenigen Stunden
der stahlend Sonne helles Licht
ein neues Leben dir verspricht,
als könnte es Begleiter sein,
wenn du den Weg
gehst ganz allein
in jene höheren Gefilde,
die heute schon im Bilde
das Ziel der Reise
dich erkennen lassen,
wenn du verlassen wirst
die irdische Vergänglichkeit
und in Erwartung bist bereit
in Himmelssphären aufzubrechen,
um dann mit denen,
die dort schon sind,
das große Segenswort
für uns zu sprechen.

Inzwischen hat die Nacht
sich über´s weite Land gebreitet,
das unserm Staunen
eine Sicht bereitet
auf neu erwachtes Licht
von vielen Sternen,
als Zeichen von den Toten.
die lautlos sich entfernen,
am Himmel aber sichtbar,
wenn auch verwandelt nun
als Wesen, die auf Erden
sie einstens sind gewesen.

Seelenstern

Ich weiß nicht recht,
fast dünkt es mich,
als ob du lange schon
gewartet hättest,
wenn ich ins stille Dunkel tret´ hinaus:
vertraute Wiederkehr
hoch oben über mir,
doch manchmal unsichtbar,
falls Wolkenschleier dich verhüllen.

Inzwischen aber weiß ich,
dass dein strahlend Licht
dem Himmelsraum erhalten bleibt,
auch wenn es ändert seinen Ort,
und Botschaft bringt
aus Lebensreichen,
die deine neue Heimat sind,
nachdem die Erde du verlassen.

Sonnenblumen
Abschied in der Trauerkapelle

Weißt du noch, wie sie erschienen sind
ganz überraschend und ohne dass sie
ihre Namen hätten nennen wollen?

Stummer Menschenzug,
ein feierliches Schreiten,
Gestalten, die im Dämmerschein
auf nahes Ziel sich zubewegen,
wo eine Tote einsam ruht,
und alle noch einmal im Chor vereint,
die hier an diesem Ort
im Abschiednehmen sich versammeln.

Und auf dem Weg dorthin
hat eine Lichtspur sie geführt,
als goldner Glanz von Sonnenblumen,
den Gliedern einer Kette gleich,
um das Gewesene ein letztes Mal
in stillem Frieden zu erinnern.

Mit leeren Händen kehren sie zurück,
dort aber wo die Tote ruht,
verbleibt ein seltsam strahlend Leuchten.

Unter dem Eindruck einer wahren Begebenheit,
geschehen am 15. Oktober 2008

Friedhof im Herbst

Blätter am Boden
in rotgoldenem Glanz
bedecken das Erdreich,
lassen verschwinden ganz,
wo kurz zuvor noch
Herbstes waches Leben
Verstorbenen hat gegeben
im Tanz der Sonnenstrahlen
des Jahres letzte Bilder
uns zu malen.

Zunehmend feiner Nebelhauch
bedeckt das weite Erdenrund
und versteckt,
was seither klar und sichtbar war:
den Lichtglanz, der die Toten
still geleitet und heimlich
ihren Weg begleitet.

Ein hölzern Kreuz
hält still die Wacht,
umgeben
von der letzten Blütenpracht,
ein mahnend Zeichen
bis in Himmels Ferne,
wo in der Begegnung leuchten
ungezählte Sterne.

Die Toten im Friedhofsnebel
- ein Herbsterlebnis -

Ein dichter weißer Nebel
hat heute sich
aus Himmelshöhn herabgesenkt
und mich in eine Wolke
gänzlich eingehüllt.

So war ich unsichtbar geworden
in einer andern Welt,
und tiefe Friedhofsruhe war mein Teil.
Doch glaubte ich zu spüren
die Toten, wie sie mich berühren,
indem sie war´n zurückgekehrt
an ihren alten Heimatort.

Das dauerte nur kurze Zeit,
bis sie dann wiederum bereit
den neuen Standort aufzusuchen,
zu dem ihr Schicksal sie berufen.

Und manchmal wenn es stille,
war es so als hörte man sie rufen,
um Zeichen uns zu geben,
dass weiterhin
sie mit in unsrer Nähe leben.

Gräber im Winter

Wie mit einem großen weißen Tuch,
so hat der Schnee das Erdenrund bedeckt
und mit ihm unter seiner Decke
erlöschend Leben nun versteckt.

Doch manchmal kann es sein,
dass des Dezembers Sonne
lichte Strahlen sendet
und dann vorübergehnd beendet
des Eises Glitzern
auf den toten Steinen,
von Wärme träumend
dem was Zukunft hält bereit,
wenn nach des Winters harter Zeit
die Hoffnung neu erwacht,
den Lieben zu begegnen,
die sich zum Lichte hinbewegen.

Neue Heimat

Im Umkreis deiner Einsamkeit
hab´ich dich nimmermehr gefunden,
du warst der letzten Leidensqual entbunden,
die Seele hatte ihren Leib verlassen
und uns in tiefem Leid zurückgelassen.

Doch du gehst deinen Weg,
den treue Wesen dich begleiten,
am Schluss zu jenem Ort hin leiten,
wo du nach einer letzten Reise
angekommen bist
und künftig deine wahre Heimat ist.

Die nun schon dort sind
haben dich als Ihrigen empfangen,
befriedigt sehnliches Verlangen
nach einer neue Erde,
auf dass ein ew´ger Friede
dort für uns alle werde.

An der Grenze

Als seine Zeit gekommen war
den Garten zu betreten,
der jenseits lag,
da hielt mit enem Mal
der Atem still,
der bisher Leben war
und Abschied war erkennbar,
unaufhaltsam dann der Weg
hinüber in das andre Land
wo er des Paradieses Ruhe
und den ew´gen Frieden fand.

Die draußen stehen
an dem Eingangstor,
sie müssen harren, bis auch sie
den Zutritt haben
hinein in diesen Garten,
der ihre Leibeshülle wird erwarten.

Die Seele aber hat sich losgelöst,
frei schwebt sie nun
an andern Orten,
nachdem sie Lichtes Wesen
ist geworden,
und von dort
wird schaun sie ihre Lieben,
die auf der Erde sind zurückgeblieben.

Vorübergehende Trennung

Seit ihr den Weg
in weite Ferne seid gegangen,
lastet eure Stummheit
mir auf meiner Seele.
Kein Wort der Freude
dringt mehr
aus des Herzens Tiefen
so wie einst,
wo die Gewesenen in Liebe
unsre Namen riefen.

Was sterblich war,
hat seinen eig´nen Weg gesucht,
hinweg aus unserm Leben,
das soviel Jahre
in Gemeinsamkeit geblüht.

Die Trennung ist vollzogen,
ihr habt uns nicht gefragt.
Des Schicksals strenger Lauf
hat euch hinweggerafft.

Geblieben sind uns Trauer,
Schmerz und Einsamkeit.
Vielleicht dass wir durch sie sind bereit
zu öffnen unser Seelenohr,
um durch dies Tor zu schauen,
in dem gebliebenen Vertrauen,
dass wir sind nur für kurze Zeit getrennt,
von neuem zueinander finden,
auf höherer Ebene uns verbinden,
wo dauerhafte Heimat ist.

Der Ruf aus Seelentiefen

Es ist als ob sie manchmal
nach mir riefen, die Stimmen,
die aus Seelentiefen
sich wünschen ihrer zu gedenken,
ihr Los und Schicksal zu bedenken.

So sind sie nahe mir in ihrer Weise,
und heimlich, still und leise
öffnet sich die Herzenstür,
sie würdig zu empfangen,
selbst wenn ihr Erdenleben
schon lange ist vergangen.

Der Friedhof ist der rechte Ort,
um abgeschieden dort
ein Zwiegespräch zu führen,
und immer wieder werden wir
dann spüren, wie eigentlich
sie gar nicht tot sind,
so wie wir es meinen,
nur haben sie das Leben
hier verlassen, vorübergehend
uns allein gelassen.

Es wird der Zeitpunkt kommen,
wo wir am gleichen Ort
zusammenkommen
und alle uns vereinen
in einer Himmelssphäre,
die wir zu kennen meinen.

Die Gemeinschaft der Toten

Immer mehr sind es
seit ich ein alter Mann geworden.
Mein Auge gleitet übers weite Feld,
die Gräber, wo die Toten ruhn,
sind kaum zu zählen.

In tiefem Frieden haben sie sich vereint,
dem Schicksal nach
sind einzelne Bewohner sie
auf einem kleinen Stückchen Erdengrund.

Doch alle, wie sie beieinander sind,
lässt an Gemeinschaft denken,
wo, wer zurückbleibt,
ungeachtet all der vielen,
sich nur an jenen Einzelnen wendet,
der ihm der Liebste war auf Erden.

All die Andern bleiben Fremde ihm,
auch wenn gemeinsam Los
die Toten still vereint
und führt denselben Weg,
der ihre ferne Zukunft ist.

Und wer die Seinen aufsucht
kehrt allein zurück, wie er gekommen,
nachdem er Abschied hat genommen,
zurückgelassen was ein Gräberfeld
für alle ist geworden,
die eine neue Heimat suchten.

Aufenthalt der Toten

Die Weite des Friedhofs
hat sie alle aufgenommen,
unterschiedslos, die vielen Toten,
die sich verabschiedet hatten
von den Lieben
am Ende ihres Erdendaseins,
es war verschieden lang gewesen,
doch nun sind sie
vereint in stillem Frieden.

Und alle sind sie eingetragen
ins große Buch des Lebens
dessen Inhalt kaum zu fassen.

Doch vorerst ruhen sie,
und Zeit entfernt sich
mehr und mehr
und wird am jüngsten Tage sich
in Ewigkeit verwandeln.

Verwandelt

Tote? Sie sind ja gar nicht tot.
Nachdem ihr irdisch Kleid sie abgelegt
sind sie verwandelt nun
in andre Daseinsform.

Sie leben fort in der Erinnerung
und auch in unseren Herzen,
entledigt aller Schmerzen.

Begegnung findet statt,
und Friedhof als vertrauter Ort
nimmt alle Schwermut von uns fort,
wenn wir in Hoffnung sie begleiten,
indem wir den begonnenen Weg
zu höherem Ziele weiterschreiten.

Das Kreuz uns dabei Richtung weist
und als ein Weg
in Himmelssphären sich erweist.

Totenamt

Wächter eines Toten,
Hüter seines Grabs,
begleitest ihn,
auch wenn ein Stein
schwer auf ihm ruht.

Doch Seele hat sich frei gemacht,
du spürst, wie sie entweicht
und höhere Heimat sucht,
die liebenden Gedanken
mit sich nimmt,
so leicht, so schwerelos
in Treue dauerhaft vereint.

Er, der gegangen ist,
sucht seinen Weg
in einer Landschaft,
wo die sich wiederfinden,
die einstmals Weggefährten.

Du bleibst zurück,
und was du für ihn hast getan,
solange Gast war er auf Erden,
lebt weiter,
wenn auch nun verwandelt,
bis ihr euch
wiederum begegnet in dem Land,
das jenseits liegt von Raum und Zeit.

Nähe einer Toten

Und immer wieder
bist du mir entschwunden,
hast trotzdem dann gefunden
den Weg, den deine Sehnsucht
dich geführt,
und irgendwie hab´ ich gespürt,
dass du in meiner Nähe bist,
doch alles so ganz anders ist.

Erinnerung bleibt eine Macht,
die den Zurückgebliebenen
sehend macht.
Dein Bild erstrahlt
in einem warmen Licht,
und zu uns
das entfernte Wesen spricht
ein Wort des Trostes
und der Zuversicht.

Ich schaue wie du wiederum
entschwindest, doch ich weiß,
du wirst wiederkommen,
ich habe deine Stimme
wohl vernommen,
auch wenn uns Ruhe nun umgibt.

Und irgendwann wirst du
mich mit dir nehmen,
wenn ich die Glocke
meines Abschieds werd´ vernehmen.

Friedhof als zweite Heimat

Mehr und mehr bist du
zur zweiten Heimat dann geworden,
der ich mit meinen Worten
ein würdig Denkmal setzen will,
zu dessen Füßen ich ganz still
vertrauten Umgang pflegen kann
mit allen, die einst irgendwann
in deine Obhut sich begeben,
wo sie verwandelt weiterleben,
nachdem der Leibeshülle
sie entbunden,
die Seele aber nun gefunden,
was nimmermehr vergeht,
als Wesen, das erlöst,
auch weiterhin besteht.

Mein Weg ist nicht sehr weit
zu diesem Ort
und immer wieder neu die Hoffnung,
dass ich dort
ersehnten Frieden finden werde,
wenn ich verlasse
hier die Erde,
bei denen, die vorausgegangen
und mich als ihresgleichen
dann empfangen.

Weitere Veröffentlichungen von Wolfgang Rinn

Sandbilder

Bilder und Sonette 2022
Johannes und Wolfgang Rinn
ISBN 9783754344965, Paperback, 12,90
BoD - Books on Demand, Norderstedt

Das Buch „Sandbilder" ist ein Gemeinschaftswerk zweier Generationen. Beide Autoren haben ihre Wege gefunden, um innere Aussagen, Gedanken nach außen sichtbar, fühlbar, hörbar und empfindbar darzustellen.
Insbesondere in der Kombination von Bild und Gedicht entsteht ein Zusammenhang, der im Kopf des Lesers und Betrachters Neues entstehen lässt.

Des Lebens Wege

Bilder und Sonette 2022
ISBN 9783756234431, Paperback, 7,90 Euro
BoD - Books on Demand, Norderstedt

Auf das Lebensende hin orientiert sind die vorliegenden Gedichte. Der Autor hat dafür bewusst die strenge Reimform des Sonetts gewählt. Es gelingt ihm hier wohl ehesten vorhandene Gefühle und Gedanken in Worte zu fassen. Immer wieder steht das Motiv des Abschieds, des übergangs und der Daseinsgrenzen im Vordergrund. Die enthaltenen Bilder sind Angelpunkte für einzelne Texte und steigern deren Ausdrucksvermögen.